Kölner Dom

Bilder | Pictures | Images | Illustraties | Immagini | 写真

Barbara Schock-Werner
Dombaumeisterin

Mit Fotografien von
Reinhard Matz
und Axel Schenk

Greven Verlag Köln
in Zusammenarbeit
mit Verlag Kölner Dom

WILLI OSTERMANN

Der Kölner Dom Sankt Peter

Viele tausend Menschen kommen Tag für Tag in den Kölner Dom. Sie kommen aus nahezu allen Teilen der Welt, um das berühmte Bauwerk kennen zu lernen, sie kommen aus Köln, um einfach mal wieder in ihrem Dom zu sein, und sie kommen, wie es Menschen seit vielen hundert Jahren tun, um zu beten oder an einem Gottesdienst teilzunehmen. Noch immer ist der dem heiligen Petrus geweihte Dom die Mittelpunktskirche der Erzdiözese Köln und die Amtskirche des Kölner Erzbischofs und damit ein wichtiges liturgisches Zentrum. Dieses Zentrum ist lebendig: Jeden Tag werden fünf Messen gefeiert, und zu den Gottesdiensten an Sonn- und Feiertagen versammeln sich viele tausend Menschen. Der Dom ist ein Gebäude, das zur Ehre Gottes gebaut wurde, und er ist ein Abbild des Himmels, jenes himmlischen Jerusalem, das die Bibel als herrlichsten aller Orte beschreibt.

Der Platz an dem der Dom heute steht, war wohl von Anfang an der Ort, an dem sich die Christen Kölns versammelten. In der ersten Zeit um 313, von der wir wissen, dass es schon einen Bischof Maternus gab, der die Kölner Christen betreute, stand vermutlich noch keine Kirche. Man versammelte sich, wie es auch an anderen Orten üblich war, in einem großen Privathaus. Aus der frühen Zeit hat sich vor allem die achteckige Schale eines Taufbeckens erhalten, die man im Osten des heutigen Domes noch sehen kann. Von den folgenden, immer größer werdenden Kirchen, die sich in den nächsten Jahrhunderten an diesem Ort in unmittelbarer Nähe der römischen Stadtmauer ablösten, haben sich nur wenige archäologische Reste erhalten. Nur von dem 870 geweihten, so genannten Alten Dom, wissen wir einigermaßen genau, wie er ausgesehen hat.

Nachdem 1164 die Reliquien der Heiligen Drei Könige nach Köln gekommen sind, war der Dom nicht mehr nur Amtskirche des wohl mächtigsten Erzbischofs des Reiches, sondern entwickelte sich auch zu einer der bedeutendsten Wallfahrtskirchen Europas. Als wichtigste Aufgabe erschien es dem Domkapitel, einen prachtvollen Goldschrein für die kostbaren Reliquien bauen zu lassen. In dem um 1200 in der Werkstatt des Nikolaus von Verdun entstandenen und mit ebenso kostbaren Edelsteinen wie kunstreichen Skulpturen geschmückten Schrein befinden sie sich noch heute. Erst danach gaben die Domherren zusammen mit Erzbischof Konrad von Hochstaden den Auftrag für den Bau einer neuen Kathedrale. 1248 wurde das neue Gotteshaus begonnen. Es war groß genug, die vielen Pilger aufzunehmen. Als Vorbild für den Neubau diente der neue französische gotische Baustil, vor allem aber die Kathedrale von Amiens. Nach etwa fünfzig Jahren war der gewaltige Chor vollendet und nach Westen hin mit einer provisorischen Trennwand abgeschlossen. Danach wuchsen zuerst die südlichen Seitenschiffe des Langhauses. Es entstanden der gewaltige Südturm mit zwei Stockwerken und abschließend die nördlichen Seitenschiffe. Nach 1520 mussten die Bauarbeiten eingestellt werden. Der Bauwille war erlahmt, der gotische Baustil hatte sich überlebt, und die Finanzierung wurde immer schwieriger. Die Bauleute schlossen das Langhaus mit einem Notdach ab, und die Kölner benutzten den Dom für die nächsten paar hundert Jahre in diesem halb fertigen Zustand. Viele Abbildungen haben ihn so festgehalten und zeigen den hohen Chor, das niedrige Langhaus, den Stumpf des Südturms mit dem dort stehenden Drehkran. Erst im 19. Jahrhundert gelang es unter veränderten politischen, kulturellen und finanziellen Bedingungen den Dom zu vollenden. 1880, nach über 630 Jahren, waren auch die beiden Kreuzblumen auf die 157 m hohen Türme gesetzt, und damit war das Werk beendet.

Trotz der lang währenden und komplizierten Baugeschichte erscheint der Kölner Dom als einheitliches Kunstwerk, tatsächlich haben sich die Steinmetzen durch all die Jahrhunderte an den ursprünglichen Plan des 13. Jahrhunderts gehalten. Nur Spezialisten gelingt es heute, den Unterschied der in verschiedenen Jahrhunderten errichteten Teile zu erkennen. Der gewaltige Bau ist voller Harmonie, alle seine Teile sind in Dimensionierung und Profilierung aufeinander abgestimmt. Trotz der himmelgreifenden Höhe halten horizontale Betonung und vertikale Dynamik sich die Waage. Die selben gotischen Maßwerkformen, die mit kräftigen Profilen in die Fenster gezeichnet sind, finden sich auch als kleine Zierformen auf den Baldachinen und Fialen des Baues wieder. Hunderte von Figuren stehen im Inneren und am Außenbau als Bilder der großen Zahl von Heiligen und Bekennern der christlichen Kirche.

Die großen Fenster sind mit kostbaren Glasmalereien gefüllt, die diesen Kosmos der Heiligkeit ergänzen. Das älteste Fenster wurde schon um 1260 – noch fast auf der Baustelle – in der Achskapelle eingesetzt. Der Chorobergaden trägt Fenster der Zeit um 1300, die Chorkapellen von etwa 1340, das nördliche Seitenschiff von 1507/09. Das 19. Jahrhundert ergänzte mit großartigen Beispielen diese nach dem Mittelalter ausgestorbene und dann wieder entdeckte Kunst. Die Fenster dieser Zeit finden sich vor allem im südlichen Seitenschiff des Langhauses und im Obergaden der Querhäuser.

Noch heute ist der Goldschrein mit den Reliquien der Heiligen Drei Könige der Mittelpunkt des Gotteshauses. Zwischen 1190 und 1220 entstanden, ist er nicht nur der größte der einst zahlreichen Reliquienschreine dieser Zeit, sondern sicher auch der schönste. Er ist mit unzähligen geschnittenen Steinen und Edelsteinen geschmückt, und seine Goldemails sind fein und kostbar ausgeführt. Die an seinen Seiten angebrachten Darstellungen zeigen, dass der Bildhauer, der die Modelle dafür gefertigt hat, antike Skulpturen studiert haben muss.

Die große Marienstatue der um 1290 entstandenen Mailänder Madonna und die im nördlichen Querhaus stehende barocke Schmuckmadonna sind, wie die vielen davor angezündeten Kerzen zeigen, Darstellungen, mit deren Hilfe die Gläubigen der Gottesmutter ihre Wünsche und ihre Dankbarkeit vermitteln.

Das Gerokruzifix in der Kreuzkapelle ist um 970 geschaffen worden und steht damit seit mehr als tausend Jahren im Dom. Die Darstellung zeigt, für die Entstehungszeit erstaunlich realistisch, den toten Christus am Kreuz. Der umgebende Strahlenkranz ist in der Barockzeit hinzugefügt worden.

Das berühmteste Altarwerk des Kölner Domes ist der um 1442 von Stephan Lochner geschaffene Altar der Stadtpatrone, der in geöffnetem Zustand die Anbetung der Heiligen Drei Könige auf der Mitteltafel sowie die heilige Ursula und die Schar der 11.000 Jungfrauen auf dem linken Flügel und den heiligen Gereon mit den Märtyrern der Thebäischen Legion auf dem rechten zeigt. Bei geschlossenen Flügeln ist die Verkündigung an Maria zu sehen.

Im Chorumgang stehen Grabmäler der hier bestatteten Erzbischöfe und Heiligen. Besonders auffällig ist das des Erzbischofs Philipp von Heinsberg († 1191), der, weil er zusammen mit den Kölner Bürgern die mittelalterliche Stadtmauer hat bauen lassen, in einem Modell dieser Stadtmauer auf seinem Hochgrab liegt. Das Grabmal des Konrad von Hochstaden († 1261), der als Erzbischof 1248 den Grundstein zum heutigen Dom gelegt hat, gilt als bedeutendstes Bronzegrabmal seiner Zeit. Das Grab der polnischen Königin Richeza († 1063), in derselben Kapelle, wird von vielen polnischen Besuchern aufgesucht. Die Grabmäler der heiligen Irmgard und des Erzbischofs Gero († 976) tragen keine Figur. Auf ihren Platten hat man früher Kerzen und Geschenke abgelegt. Zum Grab des Grafen Gottfried von Arnsberg († 1372), der, als er ohne Erben starb, seinen Besitz der Kölner Kirche vermacht hat, kommt noch heute jährlich eine Abordnung aus der Stadt Arnsberg, um am Grab einen Kranz niederzulegen. Er ist Zeichen der bis heute währenden Dankbarkeit der Bevölkerung für diese kluge Entscheidung des Verstorbenen.

Fünf Orgeln erfüllen den Dom mit geistlicher Musik. Die größte ist 1948 in den Dom gekommen und steht auf den eigens dazu eingezogenen Betonpilzen im nördlichen Querhaus. Die hoch über den Köpfen der Menschen hängende Schwalbennestorgel im Mittelschiff kam 1998 hinzu. Beide Orgeln können von einem Spieltisch aus gespielt werden.

Das großartige Geläut der elf Glocken, von denen vier noch aus dem Mittelalter stammen, klingt weit über die Dächer der Stadt und erfreut die Herzen vieler Kölner und vieler Besucher. Das gilt insbesondere für die 1923 entstandene Petersglocke, bis heute die größte frei schwingende Glocke der Welt, die nur an Vorabenden hoher kirchlicher Feiertage zu hören ist.

Der Dachstuhl des Doms ist nicht aus Holz gebaut, sondern aus Eisen und stellt damit eine der ganz frühen großen Eisenkonstruktionen Europas dar. Er wird ergänzt durch den mächtigen Unterbau des Vierungsturms aus Gusseisen. Beide sind bedeutende Zeugen der Leistungsfähigkeit der deutschen Industrie im 19. Jahrhundert.

Die ständig am Dom arbeitenden Bildhauer, Steinmetzen, Dachdecker, Glasmaler und Restauratoren sorgen zusammen mit anderen Handwerkern dafür, dass der Dom für künftige Generationen erhalten bleibt. Sie überliefern auch alte Handwerkstechniken und eine besondere Qualität des Arbeitens in eine kommende Zeit.

Der Kölner Dom heißt alle Besucher aus der ganzen Welt willkommen. Er ist als Haus Gottes für alle offen, und für einen Besuch muss nicht bezahlt werden. Wenn man ihn mit Ruhe und Respekt betritt und sich für seinen Raum und seine Kunstschätze etwas Zeit nimmt, wird man sicher auch etwas von dem Geist begreifen, der zu seiner Errichtung geführt hat.

The Cologne Cathedral of St. Peter

Many thousands of people come into the Cologne cathedral every day. They come from almost all parts of the world to get to know the famous building, they come from Cologne just to be in their cathedral again, and, as people have done for hundreds of years, they come to pray and to take part in a liturgical service. The cathedral, which is consecrated to St. Peter, is still the principal church of the Cologne archdiocese, the official church of the archbishop of Cologne, and thus an important liturgical centre. This centre is full of life: Five Masses are celebrated every day, and on Sundays and holy days thousands of people congregate. The cathedral is a building erected to the glory of God, and it is a reflection of heaven, of that heavenly Jerusalem which the Bible describes as the most magnificent of all places.

The site where the cathedral now stands was most likely the place right from the start where Cologne's Christians gathered. In the initial period around 313 there was probably no church building yet, but we do know that there was already a bishop named Maternus who looked after the Christians of Cologne. As was common in other places, the people gathered in a large private home. Notably the eight-sided basin of a baptismal font, which can still be seen in the east of today's cathedral, has survived from the early period. Only a few archeological remains have been preserved from the subsequent, ever larger churches which replaced each other on this site in the immediate vicinity of the Roman city wall. We only know with reasonable accuracy what the so-called Old Cathedral, consecrated in 870, looked like.

After the relics of the Three Magi had come to Cologne in 1164, the cathedral was no longer just the official church of probably the most powerful archbishop of the empire, but also developed into one of Europe's most important pilgrimage churches. The chapter of the cathedral felt that its most important task was to have a magnificent golden shrine built for the precious relics. Today they are still in the shrine which was created around 1200 in the workshop of Nicholas of Verdun and which is decorated with precious gems and equally elaborated sculptures. Only after that did the cathedral canons along with Archbishop Konrad von Hochstaden commission the building of a new cathedral. The construction of the new place of worship was begun in 1248. It was large enough to accommodate the many pilgrims. The new French Gothic style, but above all the cathedral of Amiens, served as models for the new building. After about fifty years the monumental choir had been completed and closed off towards the west with a temporary partition. Afterwards the southern side aisles of the nave were constructed first. Then the tremendous south tower was erected with two storeys, and finally the northern side aisles were built. After 1520 construction work had to be suspended. The desire to build had flagged, the Gothic style had become a thing of the past, and financing had become increasingly more difficult. The construction workers completed the nave with a makeshift roof and the people of Cologne used the cathedral in this half-finished state for the next several centuries. Many illustrations captured it in this state and show the high choir, the low nave, and the stump of the south tower with the revolving crane standing on it. It was only possible to complete the cathedral in the 19th century under changed political, cultural and financial circumstances. In 1880, after over 630 years, the two foliated cruciform finials were placed on the 157 metre-high towers, and with this act the work was finished.

Despite the prolonged and complicated building history, the Cologne cathedral seems to be a homogenous work of art. Throughout all the centuries the stonemasons did in fact keep to the original plan of the 13th century. Today only experts are capable of recognizing the dissimilarity in the parts built in the different centuries. The immense building is full of harmony, and all its parts are coordinated in dimension and shape. In spite of the height which reaches for the heavens, the horizontal accentuation and the vertical dynamics counterbalance each other. The same Gothic tracery patterns inserted into the windows with powerful contours also turn up again as small decorative forms on the baldachins and pinnacles of the building. Hundreds of figures stand in the inside and on the outside of the building as representations of the large number of saints and confessors of the Christian church.

The immense windows are filled with precious stained glass which complement this cosmos of sanctity. The oldest window was already inserted in the Axial Chapel around 1260 during the construction work. The clerestory of the choir has windows from around 1300, the choir chapels from about 1340, and the northern side aisle from 1507/1509. The 19th century supplemented this art, which had died out after the Middle Ages, but was then rediscovered, with magnificent examples of stained glass. The windows of this period can be found above all in the southern side aisle of the nave and in the clerestory of the transepts.

The golden shrine with the relics of the Three Magi is still the centre of the church today. Created between 1190 and 1220, it is not only the largest of the once numerous reliquaries of this period, but surely the most beautiful as well. It is decorated with innumerable cut stones and gems, and its gold enamels are finely and richly executed. The figures attached to its sides indicate that the sculptor who produced the models for them must have studied antique sculptures.

The large statue of Mary, the Milan Madonna, carved about 1290, and the baroque Jewellery Madonna standing in the northern transept are figures with whose help the faithful convey their requests and their gratitude to the Mother of God, as demonstrated by the many burning candles in front of them.

The Crucifix of Gero in the Holy Cross Chapel was carved around 970 and has therefore been in the cathedral for more than one thousand years. The figure shows the dead Christ on the cross in an amazingly realistic way, considering the date of origin. The surrounding nimbus was added in the baroque period.

The most famous altarpiece of the Cologne cathedral is the Altarpiece of the City Patrons created by Stephan Lochner around 1442. When opened, it shows the adoration of the Magi in the central panel, as well as St. Ursula and the host of 11,000 virgins on the left panel and St. Gereon with the martyrs of the Theban Legion on the right panel. When the wings are closed one can see a depiction of the Annunciation.

In the ambulatory there are tombs of the archbishops and the saints who are buried here. Particularly conspicuous is the tomb of Archbishop Philipp of Heinsberg († 1191) who lies in a model of the medieval city wall because, together with the citizens of Cologne, he had this wall built. The bronze tombstone of Konrad von Hochstaden († 1261), who laid the foundation stone of the present cathedral as its archbishop in 1248, is considered to be the most important at its time. The tomb of the Polish queen Richeza († 1063), which is in the same chapel, is frequented by many Polish visitors. The tombs of St. Irmgard and Archbishop Gero († 976) do not have figures on them. In the past people placed candles and gifts on their burial stones. Every year a delegation from the city of Arnsberg still comes to lay a wreath on the grave of Count Gottfried von Arnsberg († 1372) who, dying without heirs, bequeathed his estate to the church of Cologne. The wreath is a sign of the population's gratitude, which has lasted to this day, for this wise decision of the deceased.

Five organs fill the cathedral with sacred music. The largest came to the cathedral in 1948 and stands on the concrete mushroom-shaped pillars in the northern transept which were especially put in for it. The Swallow's-Nest Organ in the nave, which hangs up high over the heads of the people, was added in 1998. Both organs can be played from one console.

The magnificent chiming of the eleven bells, four of which date from the Middle Ages, resounds far out over the rooftops of the city and gladdens the hearts of many of Cologne's residents and visitors. This is particularly true of the Bell of St. Peter which dates from 1923 and is the largest free-swinging bell in the world to this day. It can only be heard on the eves of great church feasts.

The roof truss of the cathedral is not made of wood, but of iron and thus represents one of Europe's earliest large iron constructions. It is supplemented by the massive, cast-iron substructure of the spire of the crossing. Both are remarkable witnesses to the productivity of German industry in the 19th century.

The sculptors, stonemasons, roofers, glass painters and restorers who are constantly working on the cathedral along with other artisans ensure that the cathedral remains preserved for future generations. They are also passing on old techniques of their trades and a special quality of work to the coming age.

The Cologne cathedral welcomes all visitors from all over the world. As a house of God it is open to everyone, and one does not have to pay for a visit. If you enter it quietly and with respect and take a little time for its space and its treasures, then you will surely grasp something of the spirit which led to its construction.

La cathédrale Saint-Pierre de Cologne

Des milliers de gens viennent jour après jour dans la cathédrale de Cologne. Ils viennent des quatre coins du monde faire la connaissance du célèbre édifice ; ils viennent de Cologne pour tout simplement retrouver leur cathédrale et ils viennent, comme le font les hommes depuis des siècles, pour prier ou pour participer à un service religieux. La cathédrale, consacrée à Saint-Pierre, est toujours l'église principale de l'archidiocèse de Cologne et l'église officielle de l'archevêque de Cologne ; elle représente donc un centre liturgique important. Ce centre est vivant : Cinq messes sont célébrées quotidiennement et des milliers de gens viennent participer aux services religieux des dimanches et des jours fériés. La cathédrale est un édifice construit à la gloire de Dieu, elle représente le ciel, ce Jérusalem céleste décrit dans la bible comme le plus magnifique de tous les lieux.

La place sur laquelle est située la cathédrale aujourd'hui, était vraisemblablement dès le début le lieu de réunion de tous les chrétiens de Cologne. Vers 313, époque dont on connaît l'existence du premier évêque nommé Maternus, s'occupant des chrétiens de Cologne, il n'y avait probablement pas encore d'église à cet endroit. On se rassemblait, habitude courante un peu partout, dans une grande maison privée. De l'époque précoce, il est resté le bassin octogonal des fonts baptismaux que l'on peut encore visiter à l'est de la cathédrale actuelle. Très peu de restes archéologiques des églises de plus en plus grandes qui se sont succédées au cours des siècles suivants, à proximité immédiate des murs romains de la ville, ont été conservés. Seule exception, « l'ancienne cathédrale » consacrée en 870 dont on connaît assez précisément l'apparence.

Après avoir reçu les reliques des Rois Mages en 1164, la cathédrale de Cologne était non seulement l'église officielle de l'archevêque le plus puissant du royaume mais elle devenait aussi un des lieux de pèlerinage les plus importants en Europe. Pour le chapitre de la cathédrale, la construction d'une somptueuse châsse en or semblait être la tâche la plus importante. Les précieuses reliques se trouvent aujourd'hui encore dans cette châsse ornée de pierres précieuses ainsi que de sculptures d'art et construite aux alentours de l'an 1200 dans l'atelier de Nicolas de Verdun. Plus tard seulement, les chanoines et l'archevêque Konrad von Hochstaden ont commandé la construction d'une nouvelle cathédrale. La construction de cette nouvelle maison de Dieu a commencé en 1248. Elle était assez grande pour recevoir les nombreux pèlerins. Le nouveau style gothique français et la cathédrale d'Amiens en particulier ont alors servi de modèles. Cinquante ans plus tard environ, l'impressionnant chœur était achevé puis fermé à l'ouest par une cloison provisoire. Les bas-côtés sud de la nef ont suivi, la colossale tour sud, munie de deux étages, a été érigée et pour finir, les bas-côtés nord. Après 1520, les travaux ont dû cesser. La volonté de construire s'était affaiblie, le style gothique avait survécu à lui-même et le financement devenait de plus en plus difficile. Les bâtisseurs fermèrent la nef avec un toit provisoire et les habitants de Cologne utilisèrent la cathédrale pendant les siècles suivants dans cet état inachevé. De nombreuses illustrations l'ont représenté dans cet état : un chœur haut, une nef basse, une tour sud tronquée avec la grue pivotante qui s'y trouve. Ce n'est qu'au 19ième siècle, sous de nouvelles conditions politiques, culturelles et financières que la cathédrale a enfin pu être achevée. En 1880, plus de 630 années après le début des travaux, la mise en place des deux fleurons sur les flèches de 157 mètres de haut terminait l'œuvre.

Malgré l'histoire de longue haleine et difficile de son édification, la cathédrale de Cologne apparaît comme une œuvre d'art homogène ; au fil des siècles, les tailleurs de pierres s'en sont tenus aux plans d'origine du 13ième siècle. Seuls les spécialistes réussissent aujourd'hui à distinguer les parties construites à différentes époques. L'imposant édifice est plein d'harmonie, toutes ses parties sont assorties l'une à l'autre dans leurs dimensions et leurs profils. Malgré une hauteur semblant atteindre le ciel, la mise en valeur horizontale et la dynamique verticale sont bien équilibrées. Les mêmes réseaux gothiques, dessinés dans les fenêtres par de puissants profils, se retrouvent aussi sous forme de petits ornements sur les baldaquins et les clochetons de l'édifice. Des centaines de figures se trouvent à l'intérieur et à l'extérieur de l'édifice, illustrant le grand nombre de saints et de confesseurs de l'église chrétienne.

Les grandes fenêtres sont remplies de vitraux précieux qui viennent compléter ce cosmos de la clarté. La fenêtre la plus ancienne a été installée dans la chapelle axiale dès 1260, quasiment sur le chantier. Les fenêtres du clair-étage du chœur datent des alentours de 1300, celles de la chapelle du chœur de 1340 et celles du bas-côté nord de 1507/09. Par de magnifiques exemples, le 19ième siècle est venu compléter cet art, disparu après le moyen-âge avant de connaître une renaissance. Ce sont surtout les fenêtres du bas-côté sud de la nef et les fenêtres du clair-étage des transepts qui datent de cette époque.

La châsse en or contenant les reliques des Rois Mages représente, aujourd'hui encore, le centre de cette maison de Dieu. Réalisée entre 1190 et 1220, elle est non seulement la plus grande des nombreuses châsses de cette époque mais certainement aussi la plus belle. Elle est ornée d'innombrables pierres taillées et pierres précieuses et ses émaux en or ont été finement et précieusement réalisés. Les applications se trouvant sur les côtés montrent que le sculpteur ayant fabriqué les modèles, a certainement étudié des sculptures antiques.

La Madone de Milan, grande statue réalisée vers 1290, et la Madone parée, de style baroque et placée dans le transept nord, sont des réalisations aidant les croyants à transmettre leurs vœux et leurs remerciements, comme en témoignent les innombrables bougies allumées devant elles.

Le crucifix de Gero, dans la chapelle Sainte Croix, a été créé autour de 970 ; il a donc sa place dans la cathédrale depuis plus de mille ans. Cette œuvre représente, d'une manière très réaliste pour l'époque, Jésus mort sur la croix. La célèbre couronne rayonnante y a été ajoutée à l'époque baroque.

L'autel le plus célèbre de la cathédrale de Cologne est celui, créé vers 1442 par Stephan Lochner, dédié aux saints patrons de la ville. Ouvert, cet autel montre l'adoration des Rois Mages sur le panneau central, sainte Ursule avec la foule de 11.000 vierges sur le panneau de gauche et saint Gereon avec les martyrs de la légion thébaïque sur le panneau de droite. Fermé, l'autel illustre l'Annonciation faite à Marie.

Dans le déambulatoire, on trouve les tombeaux des archevêques et des saints enterrés ici. Celui de l'archevêque Philipp von Heinsberg († 1191), est particulièrement marquant puisque, ayant fait construire le mur médiéval de la ville avec les habitants de Cologne, il se trouve allongé sur son haut tombeau, sur une maquette de ce mur. Le tombeau de Konrad von Hochstaden († 1261), archevêque qui, en 1248, a posé la première pierre de la cathédrale actuelle, est considéré comme le tombeau en bronze le plus important en son temps. Un grand nombre de polonais viennent visiter la tombe de la Reine de Pologne Richeza († 1063)qui se trouve dans la même chapelle. Les tombeaux de la sainte Irmgard et de l'archevêque Gero († 976) ne portent pas de figure. Autrefois, des bougies et des présents étaient déposés sur leurs plaques. La tombe de Gottfried von Arnsberg († 1372) qui, mourant sans laisser d'héritier, légua tous ses biens à l'église de Cologne, reçoit annuellement une délégation de la ville d'Arnsberg venant y déposer une couronne. Cela est un signe de la reconnaissance toujours existante du peuple, face à cette sage décision du défunt.

Cinq orgues remplissent la cathédrale de musique sacrée. Le plus grand date de 1948 et se trouve sur des poteaux en béton à plancher champignon, insérés à cette fin dans le transept nord. L'orgue en nid d'hirondelles, suspendu bien au-dessus des gens, a été installé en 1998 dans la nef. Les deux orgues peuvent se jouer à partir d'une seule console.

La superbe sonnerie des onze cloches dont quatre sont originaires du moyen-âge, retentit bien au-delà des toits de la ville et réjouit le cœur de nombreux habitants de Cologne et de nombreux visiteurs. Cela concerne particulièrement la cloche Saint-Pierre datant de 1923, qui est, jusqu'à ce jour, la plus grande cloche à oscillations libres du monde. Elle retentit uniquement les veilles de grandes fêtes religieuses.

La charpente de la cathédrale n'est pas en bois mais en fer ; elle représente une des premières constructions en fer européenne. L'imposante base en fonte de fer de la tour de la croisée vient compléter cette charpente. Elles sont toutes les deux des témoins importants des capacités de l'industrie allemande du 19ième siècle.

Les sculpteurs, tailleurs de pierres, couvreurs, peintres verriers et restaurateurs travaillant en permanence sur la cathédrale veillent, avec d'autres artisans, à conserver la cathédrale pour les générations à venir. Ils transmettent aussi d'anciennes techniques artisanales et une qualité particulière du travail dans l'avenir.

La cathédrale de Cologne souhaite la bienvenue à tous les visiteurs du monde entier. C'est une maison de Dieu ouverte à tous et sa visite est gratuite. En y entrant avec calme et respect, en prenant le temps de s'intéresser au lieu et à ses trésors d'art, on comprendra sûrement un peu de l'esprit qui a mené à son édification.

De Dom van Keulen

Vele duizenden mensen komen elke dag naar de Dom van Keulen. Ze komen uit nagenoeg alle delen van de wereld om het beroemde bouwwerk te leren kennen. Ze komen uit Keulen zelf om gewoon weer eens in hun eigen Dom te zijn en ze komen, zoals mensen het al sinds vele honderden jaren doen, om te bidden of om aan een kerkdienst deel te nemen. Nog steeds is de aan de heilige Petrus gewijde Dom de centrale kerk van het aartsbisdom Keulen en de Ambtskerk van de aartsbisschop van Keulen en zo een belangrijk liturgisch centrum. Dit centrum is vol van leven: elke dag worden er vijf kerkdiensten gehouden en voor de kerkdiensten op zon- en feestdagen komen duizenden mensen bijeen. De Dom is een gebouw dat ter ere van God gebouwd werd, het is een evenbeeld van de hemel, van een hemels Jeruzalem dat in de Bijbel als de mooiste aller plaatsen beschreven wordt.

De plaats waarop de Dom tegenwoordig staat, was van begin af aan de verzamelplaats voor de christenen van Keulen. In de eerste tijd omstreeks 313, waarvan bekend is dat een zekere bisschop Maternus de christenen van Keulen onder zijn hoede had, stond er vermoedelijk nog geen kerk. Men verzamelde zich zoals het ook de gewoonte was in andere plaatsen, in een groot particulier huis. Uit de beginperiode is vooral de achthoekige schaal van een doopfontein bewaard gebleven, die in het oosten van de huidige Dom nog te bezichtigen is. Van de hierna steeds groter wordende kerken die in de daaropvolgende eeuwen op deze plek in de buurt van de Romeinse stadsmuren ontstonden, zijn slechst enkele archeologische resten bewaard gebleven. Alleen van de in 870 gewijde Dom, de zogenaamde Oude Dom, weten we enigszins precies hoe deze eruit gezien heeft.

Nadat in 1164 de relikwieën van de Drie Koningen naar Keulen gebracht waren, was de Dom niet meer alleen de Ambtskerk van de machtigste aartsbisschop van het Rijk, maar ontwikkelde zich ook tot één van de beduidendste pelgrimskerken van Europa. Het kapittel van de Dom beschouwde het als belangrijkste opgave om een prachtige gouden schrijn te laten bouwen voor de kostbare relikwieën. Deze bevinden zich nog steeds in de met kostbare edelstenen en kunstvolle sculpturen bezette schrijn, die rond het jaar 1200 in het atelier van Nicolas de Verdun gemaakt werd. Pas daarna gaven de Domheren samen met aartsbisschop Konrad von Hochstaden de opdracht voor de bouw van een nieuwe kathedraal. In 1248 werd begonnen aan de bouw van het nieuwe godshuis dat groot genoeg was om de vele pelgrims op te nemen. Als voorbeeld voor de nieuwe bouw diende de nieuwe Franse gotische stijl, vooral echter de Kathedraal van Amiens. Na ongeveer vijftig jaar was het reusachtige koor voltooid en in westelijke richting afgesloten met een provisorische scheidingswand. Daarna werden eerst de zuidelijke zijschepen van het langschip voltooid. Er ontstonden een geweldig grote zuidtoren met twee verdiepingen en afsluitend de noordelijke zijschepen. Na 1520 moesten de werkzaamheden worden stopgezet. Het interesse om verder te bouwen was verdwenen, de gotische stijl was uit de tijd geraakt en de financiering werd steeds moeilijker. Het langschip werd met een nooddak afgesloten en de inwoners van Keulen gebruikten de Dom gedurende de volgende paar eeuwen in deze halfklare toestand. Vele afbeeldingen tonen de Dom op deze wijze met het hoge koor, het lage langschip, de stomp van de zuidelijke toren met de draaikraan. Pas in de 19e eeuw lukte het om de Dom onder veranderde politieke, culturele en financiële omstandigheden te voltooien. In 1880, na meer dan 630 jaar, werden ook de beide kruisbloemen op de 157 meter hoge torens geplaatst; hiermee was de kathedraal voltooid.

Ondanks de langdurige en ingewikkelde bouwgeschiedenis lijkt de Dom van Keulen op een homogeen kunstwerk; inderdaad hebben de steenhouwers zich gedurende al deze eeuwen gehouden aan de oorspronkelijke bouwplannen uit de 13e eeuw. Alleen specialisten slagen er tegenwoordig in om de verschillen tussen de in de loop der eeuwen gebouwde delen te herkennen. De reusachtige kathedraal is harmonieus gebouwd en al haar delen zijn qua dimensionering en profilering op elkaar afgestemd. Ondanks de ten hemel rijzende hoogte is de horizontale accentuering in evenwicht met de verticale dynamiek. Dezelfde gotische maaswerkvormen, die met krachtige profielen in de vensters getekend zijn, zijn ook weer terug te vinden als kleine siervormen op de baldakijnen en de pinakels van het bouwwerk. Honderden beelden staan in de kerk en bevinden zich op de buitenzijde van het bouwwerk. Ze geven de vele heiligen en belijders van de christelijke kerk weer.

De grote vensters zijn gevuld met kostbare glasschilderkunst, die deze kosmos van Heiligheid completeert. Het oudste venster werd al op de bouwplaats zelf rond het jaar 1260 in de Askapel geplaatst. De bovenbeuk van het koor draagt vensters uit de periode rond 1300, de koorkapellen uit ca. 1340, het noordelijk zijschip uit het jaar

1507/09. De 19e eeuw vulde met prachtige voorbeelden deze na de Middeleeuwen uitgestorven en dan weer herontdekte kunst aan. De vensters uit deze periode zijn vooral terug te vinden in het zuidelijke zijschip van het langschip en in de bovenbeuk van de dwarsschepen.

Nog steeds vormt de gouden schrijn met de relikwieën van de Drie Koningen het middelpunt van het godshuis. Tussen 1190 en 1220 ontstaan, is de schrijn niet alleen de grootste van de eenst talrijke reliekschrijnen uit deze periode, maar zeker ook de mooiste. De schrijn is versierd met talrijke gesneden stenen en edelstenen en de uitvoering van de gouden emailles is fijn en kostbaar. De op de zijkanten aangebrachte afbeeldingen tonen dat de beeldhouwer die de modellen hiervoor vervaardigd heeft, antieke beeldhouwkunst gestudeerd moet hebben.

Het grote Mariabeeld van de omstreeks 1290 ontstane Madonna van Milaan en de barokke »Schmuckmadonna«, die in het noordelijke dwarsschip staat, zijn, zoals de vele ervoor aangestoken kaarsjes al aangeven, beelden waarmee de gelovigen hun wensen en dank aan de Moeder Gods kunnen betuigen.

Het Gerokruis in de Kruiskapel werd omstreeks 970 gemaakt en staat dus al meer dan duizend jaar in de Dom. Het beeld laat de dode Christus aan het kruis zien, hetgeen voor de periode waarin het ontstaan is verbazingwekkend realistisch is. De omringende stralenkrans werd tijdens de baroktijd eraan toegevoegd.

Het beroemdste altaarwerk van de Dom van Keulen is het omstreeks 1442 door Stephan Lochner vervaardigde Stadtpatronen-Altar. In geopende toestand toont het op het middenpaneel de aanbidding van de Drie Koningen, op de linker vleugel de heilige Ursula en de schaar van 11.000 maagden en op de rechter vleugel de heilige Gereon met de martelaren van het Thebaanse legioen. Bij gesloten vleugels is de aankondiging aan Maria te zien.

In de kooromgang staan grafmonumenten van de hier begraven aartsbisschoppen en heiligen. Bijzonder opvallend is het grafmonument van aartsbisschop Philipp von Heinsberg († 1191), die, omdat hij samen met de burgers van Keulen de middeleeuwse stadsmuur had laten bouwen, in een model van deze stadsmuur op zijn hooggraf ligt. Het grafmonument van Konrad von Hochstaden († 1261), die als aartsbisschop in 1248 de grondsteen legde voor de huidige Dom van Keulen, geldt als het belangrijkste bronzen grafmonument uit zijn tijd. Het graf van de Poolse koningin Richeza († 1063), in dezelfde kapel, trekt vele Poolse bezoekers. De grafmonumenten van de heilige Irmgard en aartsbisschop Gero († 976) dragen geen beeld. Op hun grafplaten legde men vroeger kaarsen of geschenken. Naar het graf van graaf Gottfried von Arnsberg († 1372), die zijn bezit vermaakte aan de Kerk van Keulen toen hij zonder erfgenaam stierf, komt nog jaarlijks een afvaardiging uit de stad Arnsberg om een krans bij het graf neer te leggen. Het is een teken van de tot op de dag van vandaag aanwezige dankbaarheid van de bevolking voor dit wijze besluit van de overledene.

Vijf orgels vullen de Dom met religieuze muziek. Het grootste orgel staat sinds 1948 in de Dom en bevindt zich op de uitsluitend voor de orgel ingetrokken betonpilaren in het noordelijke dwarsschip. Het hoog boven de hoofden van de mensen hangende zwaluwnestorgel in het middenschip kwam 1998 erbij. Beide orgels kunnen vanuit één speeltafel gespeeld worden.

Het grandioze geluid van de elf klokken, waarvan vier nog dateren uit de Middeleeuwen, weerklinkt ver over de daken van de stad. Aan dit geluid kunnen vele Keulenaren en bezoekers hun hart ophalen. Dit geldt in het bijzonder voor de in 1923 vervaardigde St. Petersklok, die tot op heden de grootste vrij hangende klok ter wereld is en die slechts te horen is tijdens de vooravonden van belangrijke kerkelijke feestdagen.

De dakstoel van de Dom is niet van hout gebouwd maar van ijzer. Hierdoor vormt de dakstoel één van de heel vroege grote ijzerconstructies in Europa. Gecompleteerd wordt de dakstoel door de kolossale onderbouw van de gietijzeren Vieringstoren. Beide getuigen in belangrijke mate van het prestatievermogen van de Duitse industrie in de 19e eeuw.

De voortdurend aan de Dom werkende beeldhouwers, steenhouwers, dakdekkers, glasschilders en restaurateuren zorgen er samen met andere ambachtslieden voor dat de Dom ook voor toekomstige generaties behouden blijft. Zij overleveren eveneens oude ambachtstechnieken en een bijzondere kwaliteit van werken voor de toekomst.

De Dom van Keulen heet alle bezoekers uit de gehele wereld van harte welkom. Als godshuis is de Dom voor iedereen open en voor een bezoek hoeft niet betaald te worden. Als men de Dom met rust en respect betreedt en men zich een beetje tijd neemt voor diens ruimte en kunstschatten, zal men ook ongetwijfeld iets van de geest begrijpen die tot de oprichting ervan geleid heeft.

Il Duomo di San Pietro a Colonia

Diverse migliaia di persone affluiscono giorno per giorno nel Duomo di Colonia. I motivi della visita sono molteplici: c'è chi giunge da ogni dove per conoscere la famosa opera architettonica, chi abita a Colonia stessa e desidera semplicemente rivedere la propria cattedrale, ed infine c'è chi, seguendo una tradizione plurisecolare, viene per raccogliersi in preghiera o partecipare alla liturgia. La Cattedrale consacrata a San Pietro è tuttora la chiesa di riferimento dell'arcidiocesi nonché la chiesa ufficiale dell'arcivescovo di Colonia, ed è pertanto un importante centro liturgico. Un centro vitale, dove si celebrano cinque messe al giorno e la domenica ed i giorni festivi si radunano per la messa molte migliaia di fedeli. Il Duomo esprime la venerazione di Dio ed è stato costruito ad immagine del cielo, ossia di quella Gerusalemme celeste che la Bibbia descrive come il più meraviglioso dei luoghi.

Con ogni probabilità, i primi cristiani di Colonia solevano già riunirsi nella piazza su cui oggi sorge il Duomo. Attorno al 313, epoca in cui è attestata l'esistenza di un vescovo Maternus che assisteva i cristiani di Colonia, non esisteva probabilmente ancora una chiesa. Qui come altrove ci si radunava in una spaziosa dimora privata. La vasca battesimale di forma ottagonale, che oggi si può vedere nella parte orientale dietro il Duomo, è la testimonianza più significativa delle origini. Sono pochi i reperti archeologici delle chiese sempre più grandi che si sono succedute via via nei secoli in questo luogo, nelle immediate vicinanze delle mura romane. Soltanto del cosiddetto Duomo Antico, consacrato nell'anno 870, conosciamo l'aspetto approssimativo.

A partire dal 1164, anno in cui le reliquie dei tre Re Magi furono portate a Colonia, il Duomo non fu più soltanto la chiesa ufficiale del più potente arcivescovo dell'impero, ma divenne anche uno dei santuari più importanti d'Europa. Il capitolo del Duomo, che vi vedeva un compito di primaria importanza, diede incarico di creare uno sfarzoso reliquiario d'oro per le auguste spoglie. Esse si conservano ancora oggi nel grande scrigno ornato di pietre preziose e statue dal grande valore artistico, uscito attorno al 1200 dall'officina dell'orafo Nicola di Verdun. È solo più tardi che i canonici, insieme all'arcivescovo Konrad von Hochstaden, danno ordine di costruire una nuova cattedrale. Nel 1248 hanno inizio i lavori per la nuova casa di Dio. Le sue dimensioni dovevano essere sufficienti per accogliere i numerosi pellegrini. La nuova costruzione era ispirata allo stile gotico imperante in Francia, ma anche e soprattutto alla cattedrale di Amiens. Dopo circa mezzo secolo, l'imponente coro era ultimato e fu chiuso provvisoriamente ad occidente da una parete divisoria. Si passò allora alle navate longitudinali sud. Sorsero così la maestosa torre sud a due piani e le navate laterali nord. I lavori s'interruppero dopo il 1520. L'impeto edificatorio si era smorzato, lo stile gotico era oramai superato e l'aspetto finanziario si faceva sempre più critico. Gli operai ricoprirono le navate con un tetto d'emergenza, e per i due secoli successivi i cittadini di Colonia dovettero rassegnarsi ad un Duomo incompiuto. Molte illustrazioni lo raffigurano lasciato così a metà, il coro elevato, la bassa parte longitudinale, il tronco della torre meridionale con vicino la gru girevole. Appena nel secolo XIX il mutato assetto politico, culturale e finanziario, consentì di ultimare il Duomo. Nel 1880, trascorsi oltre 630 anni, anche i due fioroni furono collocati sulle torri alte 157 m a completare l'opera.

Nonostante le vicende lunghe e complicate che hanno portato alla sua costruzione, il Duomo di Colonia si presenta con una veste architettonica coerente, non da ultimo per merito degli scalpellini che attraverso tutti quei centenni si sono attenuti alla pianta originale del secolo XIII. Solo uno specialista sarebbe oggi in grado di distinguere fra le parti costruite nelle varie epoche. L'imponente costruzione è espressione di un'armonia totale anche sotto l'aspetto delle dimensioni e della geometria di ogni singola parte. Lo slancio impetuoso verso l'alto non compromette l'equilibrio fra gli accenti orizzontali e la dinamica verticale. I medesimi trafori gotici che s'inscrivono con vigore nelle finestre, sono ripresi in formato ridotto negli ornamenti di pinnacoli e baldacchini. Le centinaia di statue collocate all'interno ed all'esterno rappresentano il gran numero di santi e seguaci della chiesa cristiana.

Le grandi finestre, opere pregiate di una sapiente arte vetraria, raccontano episodi che vanno ad integrare questa iconografia sacra. La vetrata più antica fu montata nella cappella assiale già attorno al 1260, quando il Duomo era ancora poco più di un cantiere. Le finestre del clerestorio risalgono al 1300 circa, quelle nelle cappelle del coro sono datate attorno al 1340, mentre le vetrate della navata laterale nord sono del 1507/09. Il secolo XIX ha saputo dare saggi grandiosi di questa arte, tramontata con il medioevo ed in seguito riscoperta. Le vetrate che risalgono a questa epoca si trovano in prevalenza nella navata longitudinale sud e nel clerestorio dei transetti.

Ancora oggi l'Ara d'oro con le reliquie dei Re Magi è il fulcro del Duomo. L'opera, creata fra il 1190 ed il 1220, non è considerata soltanto la più imponente fra i numerosi reliquiari dell'epoca, ma anche sicuramente la più riuscita dal punto di vista estetico. Lo scrigno è ornato da innumerevoli gemme e pietre preziose ed i suoi pregiati smalti dorati scaturiscono da un'arte raffinata. Le figure poste ai suoi lati rivelano uno studio attento della scultura antica da parte dello scultore che ne aveva creato i modelli.

L'imponente statua della Madonna detta di Milano, datata attorno al 1290, e la Madonna ornamentale barocca posta nel transetto nord, sono tuttora importanti oggetti di culto e devozione, come dimostrano le numerose candele accese dai fedeli.

La Croce dell'arcivescovo Gero, custodita nella Cappella della S. Croce, risale al 970 circa e si trova perciò da oltre un millennio nel Duomo. La rappresentazione lignea della Crocifissione rivela uno straordinario realismo per quest'epoca. La raggiera è stata aggiunta più tardi, in epoca barocca.

La pala d'altare più famosa del Duomo di Colonia risale al 1442 circa. Si tratta di un trittico, opera di Stephan Lochner, dedicato ai patroni cittadini: la tavola centrale raffigura l'Adorazione dei tre Re Magi, l'anta sinistra rappresenta Santa Ursula e la schiera delle 11000 Vergini, mentre a destra si vede San Gereone con i martiri della Legione Tebea. Sul trittico chiuso si può ammirare l'Annunciazione a Maria.

Il deambulatorio del coro custodisce i monumenti sepolcrali degli arcivescovi e dei santi che riposano qui. Spicca fra tutti quello dell'arcivescovo Philipp von Heinsberg († 1191), che è sovrastato da un modello delle mura cittadine per aver egli ordinato, insieme ai cittadini di Colonia, la costruzione della fortificazione medievale. Il sepolcro bronzeo di Konrad von Hochstaden († 1261), l'arcivescovo che nel 1248 pose la prima pietra del Duomo odierno, è considerato il più importante del suo tempo. Nella stessa cappella si trova la tomba della regina di Polonia Richeza († 1063), meta di molti visitatori giunti da quel paese. I sepolcri di Santa Ermengarda e dell'arcivescovo Gero († 976) sono sprovvisti di statue. Sulle loro pietre tombali una volta venivano deposti doni e candele. Sulla tomba del conte Gottfried von Arnsberg († 1372), che in mancanza di eredi lasciò i suoi possedimenti alla chiesa di Colonia, giunge ancora ogni anno una delegazione della città di Arnsberg per deporvi una corona. Segno della sempre viva gratitudine popolare per l'oculata decisione dell'illustre defunto.

Cinque sono gli organi che fanno risuonare il Duomo di musica sacra. Il maggiore, che ha fatto ingresso nel 1948, è sorretto dai blocchi di calcestruzzo fissati appositamente nel transetto nord del Duomo. Nel 1998 è venuto ad aggiungersi l'organo con cantoria a nido di rondine che sovrasta di molto i fedeli nella navata centrale. I due organi possono essere suonati da una consolle.

Il grandioso concerto delle undici campane, quattro delle quali risalgono ancora al medioevo, risuona alto sui tetti della città rallegrando il cuore di molti cittadini e visitatori. Ciò vale soprattutto per la campana di San Pietro del 1923, la più grande campana a battaglio del mondo, che si ode soltanto alla vigilia delle più importanti festività religiose.

Il Duomo ha l'armatura del tetto in ferro anziché in legno. Si tratta di una delle primissime grandi strutture metalliche comparse in Europa, che trova un degno complemento nelle imponenti fondamenta in ghisa della torre sulla crociera. Entrambe le costruzioni sono una testimonianza significativa di quanto era avanzata l'industria tedesca nel secolo XIX.

L'opera ininterrotta di scultori, scalpellini, conciatetti, maestri vetrai e restauratori, unita a quella di altri artigiani, fa sì che il Duomo conservi intatta la sua bellezza per le generazioni future. Le loro mani esperte tramandano nel tempo anche antiche tecniche artigianali ed una manualità d'eccezione.

Il Duomo di Colonia dà il benvenuto ai visitatori di tutto il mondo. È una casa di Dio aperta a tutti e la visita è gratuita. Chi lo percorre con calma e rispetto, concedendosi il tempo necessario per godere dei suoi spazi e dei suoi tesori, non mancherà di cogliere qualcosa di quello spirito che ha portato alla sua costruzione.

ケルン・聖ペトロ大聖堂

日々、何千人もの人々が訪れるケルン大聖堂。この名高い建築物を見るために世界の至る所から人々がやって来ると言っても過言ではない程です。中にはふと堂内に立ち寄ったという地元ケルン市民もいるでしょうし、何百年間も人々がそうしてきた様に祈りを捧げ、ミサにあずかりにくる人々もいます。聖ペトロに献堂されたこの大聖堂は今なおケルン大司教区の中心教会であり、又ケルン大司教の役職教会ですから、重要な典礼の中心地と言えます。ミサは一日に5回たてられ日曜、祭日には何千人もの人々がミサにあずかる、現に生きた教会として存在しています。神への栄光の表現として建てられた大聖堂は聖書に最も壮大で華麗な所として描写されている、天上のエルサレムを象っています。
今日大聖堂のあるその場所は、元始からケルンのキリスト教徒が集まったところでした。古くは西暦 313 年頃、マテルヌス司教がケルンの信者の群れを率いていたことが知られていますが、その当時建物としての教会はまだなかったと思われます。信者一同が大きな民家で集りをもつという形はケルンに限らず、当時どこにおいても慣わしのようでした。この初期の時代の洗礼台の八角盤が大聖堂の東に現存しています。以後数百年、ローマの城壁に隣接したこの教会は何度も大きく建て替えられているので考古学的な遺物は僅かしか遺されていません。そのため 870 年に建立のいわゆる古代大聖堂の実存が分かっている程度に過ぎません。1164 年、三賢王の聖遺物がケルンにもたらされて以来、大聖堂は強い権勢をもつ大司教の役職教会としてのみならず、ヨーロッパの重要な巡礼教会の一つとして発展を遂げます。又とないこの聖遺物のために司教座聖堂参事会は、豪華な金の聖櫃を作ることを最大事としました。ニコラウス・フォン・フェルドゥンの工房で 1200 年に製作された、豪華な宝玉と精巧な彫像にちりばめられたこの聖櫃は今日に至るまで存在しております。その後に大司教コンラッド・フォン・ホーホシュタンデンと司教座教会参事会会員によって新しいカテドラルの建設が決議されています。大勢の巡礼者の受け入れを可能にする広さを構想に入れた大聖堂は 1248 年に着工されました。又当時は大変モダンとされていたフランスのゴシック建築様式、中でもアミアンのカテドラルがお手本に取り入れられています。
着手 50 年後には壮大な内陣が、そして西側の暫定的な仕切り、それから長堂の南側側廊、次に二階からなる巨大な南の塔、最後に北側側廊という順で建設は進みました。しかし 1520 年以降、大聖堂の建設はやむなく中断されてしまいます。建設への意欲が弱まるのに対しゴシック様式は生き残り、財政困難は募るばかりでした。長堂は建設職人によって臨時の屋根で覆われ、その後の 200 年間というものケルンの市民は半分出来上がったままの状態の大聖堂を使ってきたのでした。高い内陣に対して低い長廊、ちょん切れたような南の塔と停止中のクレーン、このような大聖堂を描いた多くの模写が遺されています。19 世紀に入り、政治、文化、そして財政情勢が変遷し、漸く大聖堂の建築を完成させる気運が高まりました。着工から優に 630 年後の 1880 年、157m の双塔に頂花が設置され、終に大聖堂は完成を遂げました。
ケルン大聖堂は長期間、しかも複雑な建設史を負いながら完成しているにもかかわらず、統一された芸術品としての品格を備えています。これは何百年もの間、13 世紀からの設計原図を曲げることなく作業を継承してきた石工職人たちがあってこそと言えます。今日、世紀間の建設上の相違を見分けることができるのは、その分野の専門家だけでしょう。壮大な建築は調和に満ち、すべての部分が寸法においても輪郭においても相互に調整されています。天を突くような高さにもかかわらず水平のアクセントと垂直の力動性の均衡は保たれておりますし、同一の力強い輪郭でかたどられたゴシック窓の飾り格子、これらの図柄は聖堂の天蓋や小尖塔にも小さな装飾として取り入れられています。聖人や諸聖者の肖像画として聖堂内部や外部には何百もの彫像がのこされ、宇宙の神聖さを補うかのような壮大な窓々は見事なステンドグラスで充たされています。最古のステンドグラスは既に 1260 年、内陣の建設工事の最中に中央礼拝室に嵌めこまれています。内陣の高窓のステンドグラスは 1300 年に、内陣の各礼拝室のは約 1340 年、北側側廊の窓は 1507－09 年にそれぞれ完成されました。中世後に絶え、後に再発見された素晴らしい芸術であるステンドグラスは 19 世紀になって再登場します。この時代のステンドグラスは長堂の南側側廊と翼堂の高窓に見られます。

現在でも大聖堂の中心をなしているのが金の聖櫃でこの中には三賢王の聖遺物が安置されています。これは 1190 年から 1220 年の間に完成を見ていますがこの時代に出来た多くの聖櫃の中でも最大の物であるのみならず、惜しげもなくちりばめられた珠玉宝石類、黄金七宝など繊細で豪華に細工されたこの聖櫃はその美しさの点でも比類のないものと言えます。この彫金作家が古代の彫像技術を習得していたことは聖櫃の側面に取り付けられている彫刻描写からみても明確です。

1290 年に作られた大きなマリア聖像'ミラノのマドンナ'と北側翼堂のバロックのシュムックマドンナの前には沢山のローソクが灯されていますがこれは聖母マリアへの加護を願い、又感謝を捧げる信者たちの心の顕れです。

十字架礼拝室にあるゲロ大司教の十字架像は 970 年の作ですから 1000 年以上も大聖堂に掲げられていることになります。この像は十字架上のキリストの死をこの時期にしては驚くべき現実性を以て描写しています。像をとり囲む後輪は後にバロック時代に付け足されたものです。

大聖堂で最も名高い祭壇と言えば 1442 年にシュテファン・ロホナーによって作られた市の守護聖人の祭壇で、開帳した状態では中央正面に聖三賢王の御子キリスト参拝の図、左翼面には聖ウルズラと 11,000 人の乙女達、そして聖ゲレオンと殉教徒のテーベイ軍団の図が右翼面に描かれています。閉帳するとマリアの受胎告知の絵が顕れるようになっています。内陣の回廊には埋葬された大司教と聖人たちのお墓がありますが、特に目を惹くのがフィリップ・フォン・ハインツベルク大司教（1191 年没）の墓石で、市に中世の城壁を建立させた偉業を記念し、高檀に中世の城壁をデザインした墓に彼は永眠しています。1248 年に大聖堂の礎石を納めたコンラッド・フォン・ホーホシュターデン大司教の青銅の墓はこの時代に遺る大変重要なものです。

ポーランドの王妃リヒェザ(1063 年没）も同じ礼拝室に墓がありポーランドからの参拝者が跡を絶ちません。聖イルムガルドと大司教ゲロ（976 年没）の墓には何も彫られていませんが、その昔人々はその墓石にローソクや贈り物を捧げたということです。

ゴットフリード・フォン・アルンスベルク伯爵(1372 年没)の墓について一言。彼には相続者がなく、遺産はケルンの教会に寄贈されました。そのため伯爵はここに埋葬されることになりましたが、アルンスベルク市からは今でも毎年、墓参のための代表団が訪れ墓には花輪が捧げられています。故人のこの賢い決断に対する市民の感謝の念が今日まで続いているという証拠です。

大聖堂の霊的な音楽は計 5 台のパイプオルガンによって奏でられますが、最も大きいオルガンは 1948 年に北側翼堂に設置され、特製のキノコ型のコンクリート台に支えられています。人々の頭よりずっと高いところ　身廊に宙づりになっている'燕の巣'オルガンは 1998 年に出来ました。これら二つのオルガンは一つの演奏台から奏することが出来るようになっています。

荘厳な響きをもつ 11 の鐘、このうちの 4 つは中世からのもので、その音は市中の甍を越えて響き渡り、ケルン市民や多くの来訪者の心に喜びを与えています。中でも最も親しまれているのが 1923 年に鋳造されたペトロの鐘で、教会の大祭日の前夜にかぎり鳴り響きます。この釣り鐘は現在に至るまで世界一の大きさを誇っています。

大聖堂の屋根を支える骨組みは木製ではなく鉄製ですから、ヨーロッパ初期の大鉄筋建築の一つに数えられます。この鉄製の骨組みは鋳鉄からなる中央方形部の塔の強大な土台よって補強されています。双方とも 19 世紀のドイツ工業の卓越性の顕著な証人と言えます。大聖堂には現在も彫刻家、石工職人、屋根葺き職人、ステンドグラス画工、修復技術者達が他の職人と共に仕事をしています。その作業は単に大聖堂を維持するのみならず職人の伝統的な技術や特殊な質の作業を後世に継承するという大切な課題をもっているのです。

ケルン大聖堂は世界中から来るすべての訪問客を快くお迎えいたします。この聖堂は神の家としてあらゆる人々に開放され、参観料は無料です。静けさと敬意の念をもって堂内に足を踏み入れ、ゆっくりとその空間と文化財に接した時に聖堂建立に至った精神が少しなりとも感じ取られる筈です。

Museum

Westfassade und Südquerhaus des Kölner Domes.

West facade and south transept of the Cologne Cathedral.

Façade occidentale et transept sud de la cathédrale de Cologne.

Westfaçade en zuidelijk dwarsschip van de Dom van Keulen.

Facciata occidentale e transetto sud del Duomo di Colonia.

大聖堂の西正面と南側側堂

Das mächtige, aber feingliedrige Strebewerk stützt Gewölbe und Wände (S. 18–23).

The mighty, yet delicate buttress work supports the vaults and walls (pp. 18–23).

Les arc-boutants puissants mais graciles soutiennent la voûte et les murs (p. 18–23).

De grootse, maar fijn uitgevoerde steunberen stuten het gewelf en de muren (pag. 18–23).

La struttura imponente ma delicata dei contrafforti che sorreggono volte e pareti (pp. 18–23).

アーチと壁を支えている
強くも華奢なメカニズム

Das Petersportal mit seinen zahlreichen Heiligenfiguren ist das älteste Portal des Domes.

Le portail de saint Pierre, avec son grand nombre de saints, est le portail le plus ancien de la cathédrale.

Il portale di San Pietro, con le numerose statue dei santi, è il più antico del Duomo.

The Portal of Peter with its numerous statues of saints is the oldest portal of the cathedral.

Het Petersportaal met z'n talrijke Heiligenfiguren is het oudste portaal van de Dom.

聖人像に溢れたペトロの表玄関は
ドーム最古の玄関でもある

S. HVBERTVS

Schlanke Pfeiler, hohe Gewölbe und strahlende Fenster ergeben ein gewaltiges Raumerlebnis (S. 26–30).

Slender columns, high vaults and luminous windows produce a powerful experience of space (pp. 26–30).

Les piliers élancés, les hautes voûtes et les fenêtres rayonnantes donnent une sensation forte du relief (p. 26–30).

Slanke pijlers, hoge gewelven en stralende vensters zorgen voor een groots ruimtegevoel (pag. 26–30).

Pilastri slanciati, volte altissime e vetrate risplendenti fanno la regia di un'emozionante esperienza dello spazio (pp. 26–30).

すらりとした支柱に高い丸天井
光り輝く窓が巨大な空間を
感じさせる

In Vierung, Chorumgang und Binnenchor beeindruckt die Vollkommenheit der Gewölbe (S. 31–34).

The perfection of the vaults is striking in the crossing, the ambulatory and the inner choir (pp. 31–34).

Dans la croisée, le déambulatoire et le chœur, la perfection de la voûte impressionne (p. 31–34).

In de viering, de kooromgang en het binnenkoor is de volmaaktheid van de gewelven op indrukwekkende wijze te zien (pag. 31–34).

La suggestiva perfezione delle volte che sovrastano crociera, coro e deambulatorio (pp. 31–34).

丸天井の完璧さが感銘を与える中央方形部、内陣の回廊と聖務共唱席

DE NOCTE FLAT INGENS
GRANDEM PER TECTUM
PELLIT

Ein Laufgang in 20 Metern Höhe führt um den gesamten Innenraum.

A gallery at a height of 20 metres goes all way round the interior.

A 20 mètres de haut, une galerie permet de faire le tour de l'intérieur de la cathédrale.

Een galerij op 20 meter hoogte leidt om de gehele binnenruimte.

A 20 metri d'altezza il triforio cinge tutto il perimetro dell'interno.

聖堂内部空間を巡る
高さ20mの所にある回廊

Die auf schlanke Pfeiler reduzierten Wände geben Raum für farbige, lichtdurchflutete Fenster.

The walls, reduced to slender columns, provide space for colourful windows flooded with light.

Les murs, restreints aux piliers élancés, laissent de la place aux fenêtres colorées, baignées de lumière.

De op slanke pijlers gereduceerde muren geven ruimte voor kleurrijke, lichtdoorlatende vensters.

Le pareti si riducono ai pilastri slanciati, lasciando largo spazio alle vetrate colorate inondate di luce.

細い支柱が壁を減らし多彩な光溢れる窓の空間を生み出す

Im Obergaden des Chores umrahmen Könige die Anbetung der Drei Weisen.

Kings frame the adoration of the Three Magi in the clerestory of the choir.

Dans le clair-étage du chœur, des rois encadrent l'adoration des Trois Sages.

In de bovenbeuk van het koor omlijsten Koningen de aanbidding door de Drie Wijzen.

Nel clerestorio dei re incorniciano l'Adorazione dei Tre Re Magi.

内陣の高窓は王や三賢王の参拝の図で縁取られている

Der goldene Schrein bewahrt bis heute die Reliquien der Heiligen Drei Könige (S. 40–47).

The golden shrine houses the relics of the Three Magi to this day (pp. 40–47).

La châsse en or abrite encore aujourd'hui les reliques des Rois Mages (p. 40–47).

De gouden schrijn bewaart tot op heden de relikwieën van de Drie Koningen (pag. 40–47).

Lo scrigno dorato custodisce ancora oggi le reliquie dei Tre Re Magi (pp. 40–47).

金の櫃には聖三賢人の聖遺物が現在も安置されている

Die Propheten Amos (links) und Moses (rechts) am Dreikönigenschrein.

The prophets Amos (left) and Moses (right) on the Shrine of the Three Magi.

Les prophètes Amos (à gauche) et Moïse (à droite) sur la châsse des Rois Mages.

De profeten Amos (links) en Mozes (rechts) op de schrijn van de Drie Koningen.

I profeti Amos (sinistra) e Mosè (destra) ornano il reliquiario dei Magi.

三賢王の櫃：
預言者アモス(左)とモーセ(右)

PARCITAS

Der Schrein als Meisterwerk mittelalterlicher Goldschmiedekunst ist mit kostbaren Edelsteinen und Emails besetzt.

The shrine, as a masterpiece of medieval goldsmith's art, is trimmed with precious gems and enamels.

La châsse, un chef-d'œuvre d'orfèvrerie du moyen-âge, est ornée de pierres précieuses et d'émaux de grande valeur.

De schrijn als meesterwerk van middeleeuwse goudsmederijkunst is bezet met kostbare edelstenen en emailles.

Lo scrigno, capolavoro dell'arte orafa medievale, è ornato di pietre preziose e smalti raffinati.

中世の金細工の名作の櫃は高価な宝石や琺瑯細工が施されている

Die Geschichte der Heiligen Drei Könige wird auf einer der Chorschranken des 14. Jahrhunderts erzählt.

The story of the Three Magi is told on one of the choir screens from the 14th century.

Une des clôtures du chœur, datant du 14ième siècle, relate l'histoire des Trois Rois Mages.

Het verhaal van de Drie Koningen wordt verteld op één van de koorhekken uit de 14e eeuw.

La vicenda dei Tre Re Magi viene narrata da uno degli affreschi del coro, risalenti al secolo XIV.

聖三賢王の物語は14世紀の内陣格子に表されている

Heilige, Musikanten und Tänzerinnen schmücken das größte mittelalterliche Chorgestühl Deutschlands.

Saints, musicians and dancers decorate Germany's largest set of medieval choir stalls.

Des saints, des musiciens et des danseuses ornent les stalles médiévales les plus grandes d'Allemagne.

Heiligen, muzikanten en danseressen versieren het grootste middeleeuwse koorgestoelte van Duitsland.

Santi, musicanti e danzatrici ornano gli stalli medievali più grandi d'Europa.

ドイツ中世最大の聖務共唱席を飾る聖人、楽士、踊り子たち

Elegant geschwungene Apostelfiguren umstehen den Hochaltar.

Elegant, curved statues of the Apostles surround the high altar.

D'élégantes statues incurvées représentant les apôtres entourent le maître-autel.

Elegant gewelfde apostelfiguren omringen het hoogaltaar.

Le statue degli Apostoli attorniano con movenze eleganti l'altar maggiore.

主祭壇を取り囲んでいるのは
優雅に表現された使徒像たち

Jonas (oben) und die Auferstehung Christi (unten) aus dem Älteren Bibelfenster.

Jonah (above) and the Resurrection of Christ (below) from the Elder Biblical Window.

Jonas (en haut) et la résurrection du Christ (en bas), extraits de la fenêtre biblique plus ancienne.

Jonas (boven) en de verrijzenis van Christus (beneden) uit het Ouder Bijbelvenster.

Giona (sopra) e la Resurrezione di Cristo (sotto) sulla vetrata più antica raffigurante episodi biblici.

古い方の聖書のステンドグラス：
ヨナ(上)とキリストの復活(下)

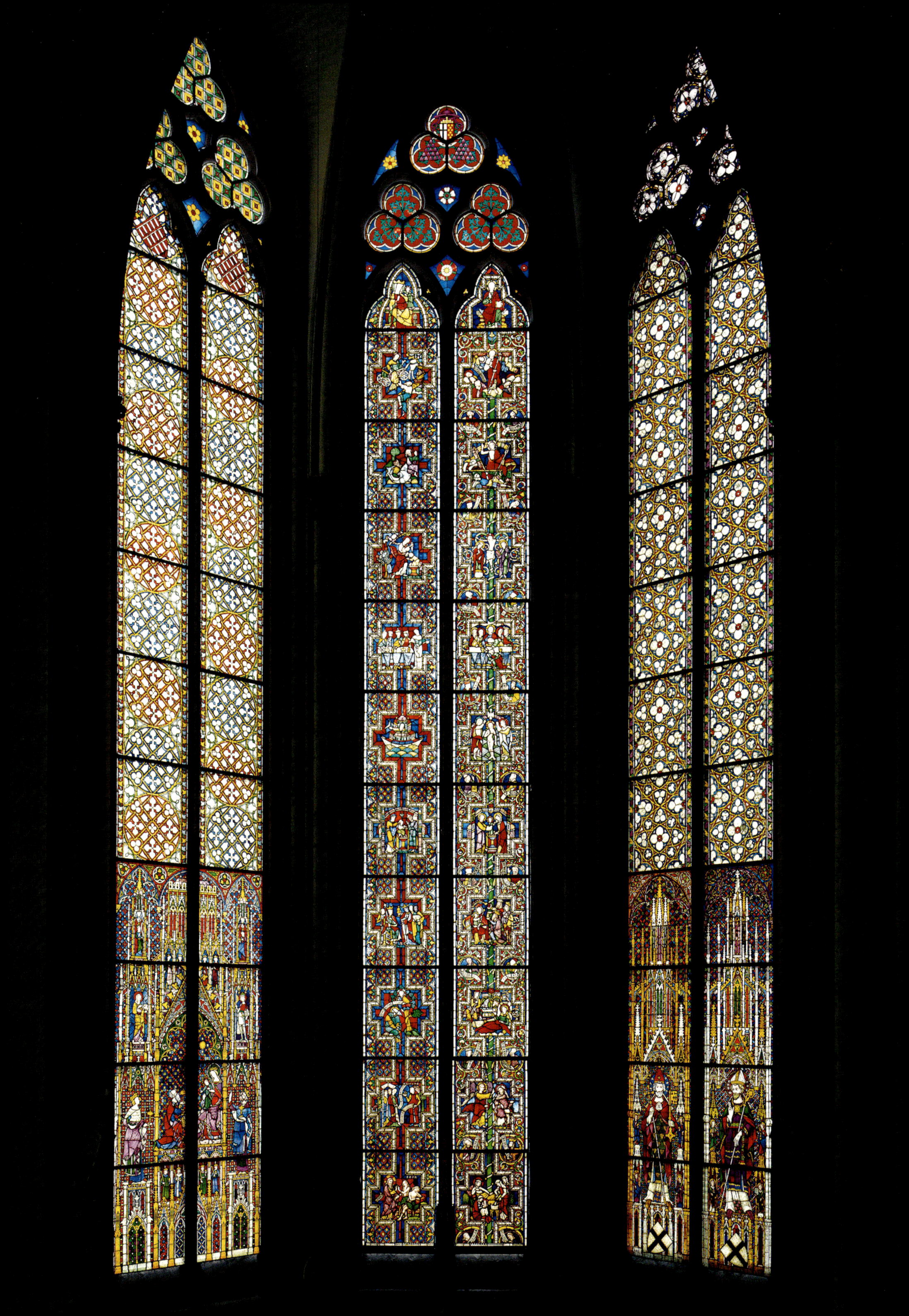

DEVS
EST
ROTA

Glücksrad, Bildhauerkunst, Ackerbau und Personifikation der Stadt Köln aus dem Fußbodenmosaik des 19. Jahrhunderts (S. 56–58).

A wheel of fortune, the arts of sculpturing, agriculture and a personification of the city of Cologne from the floor mosaic of the 19th century (pp. 56–58).

La roue de la fortune, la sculpture, l'agriculture et la personnification de la ville de Cologne, extraits de la mosaïque du sol et datant du 19ième siècle (p. 56–58).

Rad van fortuin, beeldhouwkunst, akkerbouw en de personificatie van de stad Keulen uit de mozaïekvloer uit de 19e eeuw (pag. 56–58).

Ruota della fortuna, scultura, agricoltura e personificazione della Città di Colonia raffigurate sul mosaico del pavimento, risalente al secolo XIX (pp. 56–58).

19世紀の床モザイクより：
運命の歯車、彫刻術、農耕、
擬人化されたケルン市

Blick in den südlichen Chorumgang.

View into the south ambulatory of the choir.

Vue dans la partie sud du déambulatoire.

Uitzicht op de zuidelijke kooromgang.

Veduta del deambulatorio del coro, lato sud.

南側の内陣回廊を一瞥する

Die Mailänder Madonna und das Gerokreuz sind die ältesten Gnadenbilder des Domes.

The Milan Madonna and the Crucifix of Gero are the oldest miraculous figures of the cathedral.

Dans la cathédrale, la Madone de Milan et le crucifix de Gero sont les images miraculeuses les plus anciennes.

De Madonna van Milaan en het Gerokruis zijn de oudste genadebeelden van de Dom.

La Madonna detta di Milano e la croce dell'arcivescovo Gero sono i più antichi oggetti di culto custoditi nel Duomo.

ミラノのマドンナとゲロの十字架：
大聖堂にある最も古い恵みの聖像

Das Grabmal des Erzbischofs
Philipp I. von Heinsberg.

Het grafmonument van de
aartsbisschop Philipp I von
Heinsberg.

The tomb of Archbishop
Philipp I von Heinsberg.

Il sepolcro dell'arcivescovo
Philipp I von Heinsberg.

Le tombeau de l'archevêque
Philipp I von Heinsberg.

フィリップ・フォン・ハインツベルク
大司教の墓碑

accipe collatū
tibi p me
petre ducatū
quē quinquaginta
marcarū
millibꝰ
emi

Das Grabmal des Erzbischofs Konrad von Hochstaden.

The tomb of Archbishop Konrad von Hochstaden.

Le tombeau de l'archevêque Konrad von Hochstaden.

Het grafmonument van de aartsbisschop Konrad von Hochstaden.

Il sepolcro dell'arcivescovo Konrad von Hochstaden.

コンラッド・フォン・ホーホシュターデン大司教の墓碑

Meisterwerke barocker Bildhauerkunst finden sich unter den Grabdenkmälern des Chores.

Masterpieces of Baroque sculpture can be found among the burial monuments of the choir.

Des chefs-d'œuvre de la sculpture baroque se trouvent sous les tombeaux monumentaux du chœur.

Meesterwerken van de barokke beeldhouwkunst bevinden zich onder de grafmonumenten van het koor.

Capolavori della scultura barocca fra i monumenti sepolcrali del coro.

内陣の墓石の下に見られるバロックの彫刻芸術の傑作

PRÄLAT
DR. HERKENRATH

D.O.M.DIVISQVE.AGRIPPINENSIVM.TVTELARIBVS.CONSECR
AETERNA.PATRVM.RELIGIONE.ANTIQVAE.ARTIS.NOSTRAE.MONVME
QVOD.SVPER.ARAM.SACELLI.VBI.SENATORIO.QVONDAM.ORDI
SACRIS.FACIVNDIS.ANTE.CVRIAE.NEGOTIA.CONVENIRE.RITVS.
AB.AN.CIↃ.CCCC.XXV.SVSPENSVM.FVIT.AT.SVBLATA.PER.TEMP
INIVRIAS.LOCI.REVERENTIA.SEPOSTVM.CVLTV.NON.ADMIRATORIBVS.C

VM.PIORVM.VOTA.RELIGIONI.RESTITVTVM.ESSE.VELLENT.REINER.
SPE.REGIONIS.COLON.PROPRAEFECTVS.ET.IAC.A.WITTGENSTEIN
M.MAGISTER.IDEMQVE.LEG.HONORARIAE.SODALIS.PROBANTE
VM.CONCILIO.IN.HOC.PRISCAE.METROPOLEOS.TEMPLO.PROPE
AGORVM.TVMBAM.SOLEMNI.DEDICATIONE.EXPONI.CVRAVERVNT
DIE.SERVATORIS.A.MAGIS.ADORATI.FESTO.CIↃ.IↃ.CCC.X.

Der prachtvolle und detailreiche Altar der Stadtpatrone ist ein Werk des Kölner Malers Stephan Lochner (S. 68–73).

The magnificent and very detailed Altarpiece of the City Patrons is a work of the Cologne artist Stephan Lochner (pp. 68–73).

L'autel, splendide et riche en détails, consacré aux patrons de la ville, est une œuvre du peintre de Cologne Stephan Lochner (p. 68–73).

Het prachtige altaar van de stadpatronen, vol details, is een werk van de Keulse schilder Stefan Lochner (pag. 68–73).

La stupenda e minuziosa pala d'altare dei patroni cittadini, opera del pittore coloniense Stephan Lochner (pp. 68–73).

華麗、細密に富む市の守護聖人の祭壇はケルンの画家シュテファン・ロホナーの作

Die Verkündigung schmückt die Außenseiten dieses Altars.

The Annunciation decorates the exterior wings of this altar.

L'Annonciation orne la face extérieure de cet autel.

De Verkondiging siert de buitenzijden van dit altaar.

Sul trittico chiuso di quell'altare si può ammirare l'Annunciazione a Maria.

この祭壇の外側は受胎告知で彩られている

Der Klarenaltar ist das größte und bedeutendste Altarwerk des 14. Jahrhunderts.

The Altarpiece of St. Claire is the largest and most important altar of the 14th century.

L'autel « Klarenaltar » est l'autel le plus grand et le plus significatif du 14ième siècle.

Het Klarenaltaar is het grootste en beduidendste altaar uit de 14e eeuw.

Il »Klarenaltar« è la maggiore e più importante pala d'altare del secolo XIV.

クララの祭壇は14世紀最大の重要な祭壇

Der heilige Christophorus mit dem Christuskind und eine Verkündigungsgruppe mit ihrem Stifter.

St. Christopher with the child Jesus and an annunciation group with its donor.

Saint Christophe et l'enfant Jésus ainsi qu'un groupe annonciateur accompagné de leur bienfaiteur.

De heilige Christophorus met het kindje Jezus en een verkondigingsgroep met hun stichter.

San Cristoforo con il Bambin Gesù ed un gruppo dell'Annunciazione con il rispettivo donatore.

御子キリストと聖クリストフォルス
そして受胎告知と寄進者の像

Das Geburt-Christi-Fenster
mit der Fahne der Stadt Köln.

The Birth-of-Christ
Window with the flag of
the city of Cologne.

La fenêtre représentant
la naissance du Christ avec
le drapeau de la ville de
Cologne.

Het venster met de geboorte
van Christus en de vlag van
de stad Keulen.

La vetrata della Natività di
Cristo con la bandiera della
città di Colonia.

ケルン市の旗のついているキリスト
生誕のステンドグラス

Die Schatzkammer
des Kölner Doms.

The treasury of the
Cologne cathedral.

La chambre du trésor
de la cathédrale de Cologne.

De Schatkamer van
de Dom van Keulen.

La Camera del Tesoro
del Duomo di Colonia.

ケルン大聖堂の宝物殿

Details vom barocken Schrein
des heiligen Engelbert.

Details from the Baroque
Shrine of St. Engelbert.

Détails de la châsse baroque
de saint Engelbert.

Details van de barokke schrijn
van de heilige Engelbert.

Dettagli dello scrigno barocco
di S. Engelberto.

聖エンゲルベルトの厨子(バロック)
その細部

Gotischer Bischofsstab und Vorsängerstab mit der Anbetung der Heiligen Drei Könige.

Gothic bishop's crozier and a cantor's staff with the adoration of the Three Magi.

Crosse d'évêque gothique et bâton de chantre avec l'adoration des Rois Mages.

Gotische bisschopsstaaf en voorzangerstaaf met de aanbidding door de Drie Koningen.

Bastone vescovile gotico e bastone cantorale con l'Adorazione dei Tre Re Magi.

ゴシックの司教杖と先唱者杖
(聖三賢者参拝の飾りつき)

cibus
viatorum

Die Monstranz mit zugehörigen Leuchterengeln und die Messkännchen gehören zum reichen Bestand des Domschatzes.

The monstrance with candlestick angels and the cruets belong to the rich holdings of the cathedral treasury.

L'ostensoir avec les candélabres assortis, portés par des anges, et les aiguières font partie du trésor de la cathédrale.

De monstrans met de bijbehorende luchterengelen en de ampullen behoren tot het rijke bestand van de schatkamer.

L'ostensorio con i suoi angeli candelieri e le ampolline fanno parte del ricco patrimonio del Tesoro del Duomo.

聖体顕示台と揃いの天使の燭台ミサ用水さし、大聖堂所有の宝物の数々

Funde aus dem fränkischen Frauen- und Knabengrab.

Discoveries from the Franconian grave of a woman and a boy.

Découvertes issues de la tombe franconienne d'une femme et d'un garçon.

Vondsten uit het Frankische vrouwen- en jongensgraf.

Reperti del sepolcro franco di una donna e di un fanciullo.

フランク族の女性と若者の墓からの出土品

Baptisterium, Gräber und römischer Brunnen aus dem Grabungsareal unter dem Dom.

Baptistry, graves and a Roman well from the archeological site below the cathedral.

Fonds baptismaux, tombes et puits romain résultant des fouilles faites sous la cathédrale.

Doopkapel, graven en Romeinse bronnen uit het opgravingsareaal onder de Dom.

Vasca battesimale, tombe e pozzo romano nella zona degli scavi sotto il Duomo.

大聖堂下の遺跡から発掘された
洗礼盤、お墓、ローマの井戸

Funde aus der Kölner Domgrabung.

Vondsten uit de Keulse Domopgravingen.

Discoveries from the Cologne cathedral excavation.

Reperti rinvenuti durante gli scavi del Duomo di Colonia.

Découvertes issues des fouilles de la cathédrale de Cologne.

大聖堂発掘による出土品の数々

Die Türschwelle des Alten Domes gibt den Blick frei auf über ein Jahrtausend Geschichte.

The threshold of the Old Cathedral opens up the view over more than one thousand years of history.

Le seuil de l'ancienne cathédrale ouvre le regard sur plus d'un millénaire d'histoire.

De deurdrempel van de Oude Dom verleent een vrij uitzicht over duizend jaar geschiedenis.

Dalla soglia del Duomo Antico lo sguardo si schiude su un millennio e più di storia.

旧大聖堂の敷居から覗く
千年にわたる大聖堂の歴史

In den Jahren von 1842 (links) bis 1880 (rechts) wurde der Dom vollendet.

In the years from 1842 (left) till 1880 (right) the cathedral was completed.

La cathédrale a été achevée de 1842 (à gauche) à 1880 (à droite).

In de jaren 1842 (links) tot 1880 (rechts) werd de bouw van de Dom voltooid.

Il Duomo viene ultimato fra il 1842 (sinistra) ed il 1880 (destra).

1842年(左)から1880年(右)の間に大聖堂の建設は完了した

Protectori

Feierlichkeiten zur Vollendung des Domes.

Festivities on the occasion of the completion of the cathedral.

Festivités en l'honneur de l'achèvement de la cathédrale.

Feestelijkheden ter gelegenheid van de voltooiing van de Dom.

Festeggiamenti per l'ultimazione del Duomo.

大聖堂完成の祝典

Mächtige Bronzetüren mit reichem Dekor nehmen die Portalöffnungen ein.

Massive bronze doors with rich decorations fill the open spaces of the portals.

D'impressionnantes portes en bronze généreusement décorées ferment les portails.

Reusachtige bronzen deuren met een rijk decor vormen de portaalopeningen.

I portali sono chiusi da massicce porte di bronzo riccamente ornate.

正面入り口に構える装飾も豪華な威厳ある青銅の扉

Farbenprächtige Glasmalereien des 19. Jahrhunderts.

Richly coloured stained glass of the 19th century.

Vitraux aux couleurs somptueuses datant du 19ième siècle.

Kleurrijke glasschilderkunst uit de 19e eeuw.

Ricche variazioni cromatiche nelle vetrate del secolo XIX.

絢爛たる19世紀のステンドグラス

Ludovicus I.
Bavariae rex
donator.
Año Domini
1846.

Kühne eiserne Dachstuhl- und Turmkonstruktion aus der Mitte des 19. Jahrhunderts.

Bold iron construction for the roof truss and spire from the middle of the 19th century.

Une audacieuse construction en fer de la charpente et de la tour de la croisée, construite au milieu du 19ième siècle.

Originele ijzerconstructie van dakstoel en vieringstoren uit het midden van de 19e eeuw.

Le audaci armature del tetto e della torre crociera sono in ferro e risalgono alla metà del secolo XIX.

屋根を支える大胆な鉄製の骨組と塔の構築 (19世紀中頃)

Mittelalterliche Halle im
1. Obergeschoss des Südturms und darüber liegender Glockenstuhl mit der großen Petersglocke (S. 102–105).

Medieval hall in the first storey of the south tower and, situated above it, the belfry with the large Bell of St. Peter (pp. 102–105).

Salle du moyen-âge au premier étage de la tour sud et, au-dessus, la chaise de clocher avec la grande cloche Saint-Pierre (p. 102 à 105).

Middeleeuwse hal op de 1e bovenverdieping van de zuidtoren en de daarboven liggende klokstoel met de grote St. Petersklok (pag. 102–105).

Volte medievali al primo piano della torre sud con la sovrastante cella campanaria della maestosa campana di San Pietro (pp. 102–105).

南の塔上階にある中世の会堂
その上の鐘架とペトロの鐘

Betreten
verboten
OFFENES FEUER
UND RAUCHEN

Durchbrochener Maß-
werkhelm des Südturms.

Openwork tracery spire
of the south tower.

La flèche au réseau ajouré
de la tour sud.

Doorgebroken traceringsdak
van de zuidtoren.

L'elaborata guglia a traforo
della torre sud.

透かし彫りの飾り格子をもつ
南の尖塔

Blick hinauf in die
Turmspitze.

View upward into
the spire.

Vue jusqu'à la pointe
de la flèche.

Uitzicht naar boven in
de spits van de toren.

Veduta dal basso nella
cuspide della torre.

塔内部をてっぺんまで見上げる

Arbeiten der Dombauhütte zur Erhaltung des gewaltigen Bauwerks.

Work by the craftsmen and artisans of the cathedral workshop for the preservation of the immense edifice.

Travaux des ateliers de la cathédrale pour la conservation de cet imposant édifice.

Werkzaamheden van de Dombouwhut ter instandhouding van het reusachtige bouwwerk.

Lavori di restauro nella Fabbrica del Duomo per la conservazione della poderosa costruzione.

巨大な大聖堂を維持する
付属建設工房での作業

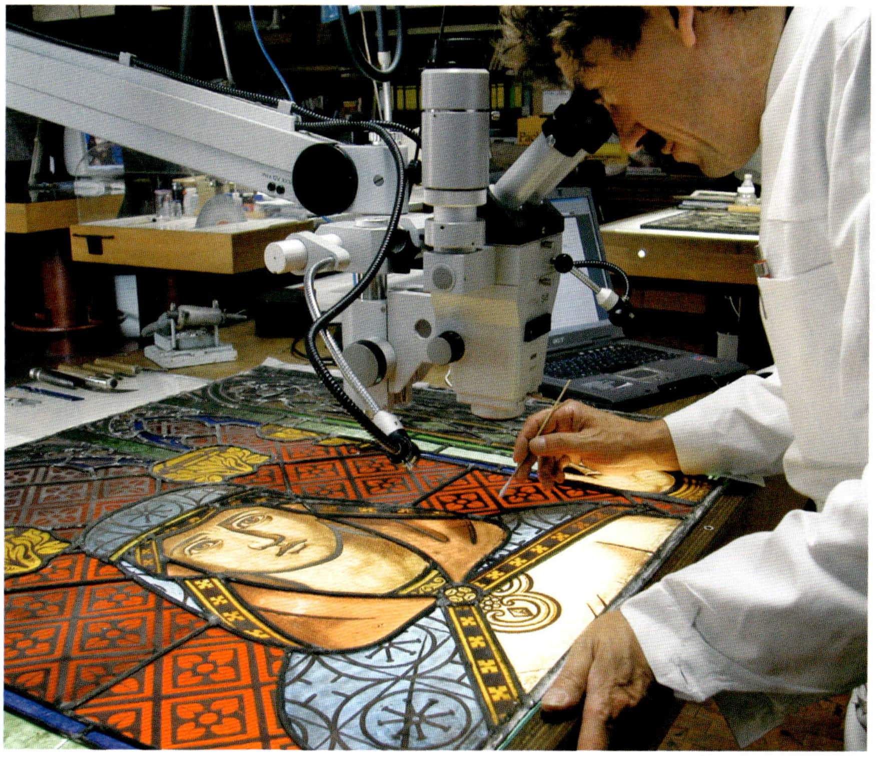

Blick von den Domtürmen über den Vierungsturm hinweg nach Osten.

View from the cathedral towers eastwards across the spire of the crossing.

Vue des tours de la cathédrale, au-dessus de la tour de la croisée, vers l'est.

Uitzicht vanaf de torens van de Dom over de Vieringstoren naar het Oosten.

Veduta dalle torri del Duomo guardando verso est, di là della torre sulla crociera.

塔からの見晴らし：中央方形部塔を越えて東方を望む

www.Greven-Verlag.de
ISBN 3-7743-0369-X

GESTALTUNG
Lambert und Lambert, Düsseldorf

LITHOGRAPHIE
Fröbus GmbH, Köln

DRUCK UND BINDUNG
Passavia Druckservice GmbH, Passau

BILDNACHWEIS
Bad Münstereifel, *H. Ziethen* – S. 80 links.

Dombauarchiv Köln S. 54, 56–58, 90, 92, 93, 98, 109.

Dombauarchiv Köln, *L. Gaiser* – hintere Umschlaginnenklappe.

Dombauarchiv Köln, *G. Hauser* – S. 88 unten.

Dombauarchiv Köln, *Matz und Schenk* – Umschlag, S. 1, 2, 15–53, 55, 59–79, 81–88, 89, 91, 94–97, 99–107, 110–112.

Dombauarchiv Köln, *A. Wolff* – S. 108.

ÜBERSETZUNGEN
Martha Matesich (Englisch)

Anne Wegesin (Französisch)

Eva van den Ham (Niederländisch)

Simone Protti (Italienisch)

Reiko Müller-Shiba (Japanisch)